AF260153

I 46
604

DES CAUSES

DE

L'ÉTAT ACTUEL

DE

La France et de l'Europe,

ET

DES MESURES URGENTES

QUE LES CIRCONSTANCES EXIGENT.

10 JUIN, 1815.

À LONDRES:

CHEZ HENRI COLBURN,

CONDUIT STREET, HANOVER SQUARE.

1815.

De l'Imprimerie de Cox et Baylis,
Great Queen Street, Lincoln's-Inn-Fields, à Londres.

AVERTISSEMENT.

Ce travail était rédigé lorsque le Rapport fait à S. M. Louis XVIII. par M. de Chateaubriand a été publié à Londres. Ce Rapport ajoute de nouvelles preuves aux observations que nous publions.

DES CAUSES

DE

L'ÉTAT ACTUEL DE LA FRANCE,

&c. &c.

LE repos de l'Europe va dépendre des mesures dirigées contre la tyrannie sous laquelle l'armée Française a entrepris de soumettre sa nation. Jamais attentat politique ne fut plus criminel et ne présenta plus de dangers pour la stabilité de tous les gouvernements, pour la liberté et l'indépendance des nations, pour le maintien de la civilisation et de l'ordre social.

Les événemens qui s'étaient succédés depuis 1812 jusqu'au 1er Mars 1815, semblaient avoir un caractère de merveilleux inouï dans l'histoire. Buonaparte avait porté ses armes jusqu'à Moscow. Le continent presque entier de l'Europe lui était soumis. Le pillage nourrissait ses armées ; la dévastation, l'incendie et le sang en marquaient le passage. Les caisses publiques, les dépôts, les contributions, les domaines dont il s'emparait grossissaient son trésor extraordinaire, et enrichissaient ses lieutenants et ses généraux. Il voulait faire de la capitale de son empire le centre des dépouilles du monde. Les vengeances du ciel arrêtèrent ce

B

torrent dévastateur. Cette armée de vainqueurs si brillante fut détruite dans peu de jours. Cent cinquante mille hommes périrent par le souffle glacé du Nord. Cent cinquante mille furent faits prisonniers. Ainsi la Providence renverse dans un instant les audacieux projets de l'orgueil et du crime. Buonaparte fuit, il rentre dans son palais, et il ne parle encore à ses soldats que de ses victoires, que de ses aigles triomphantes, que de la gloire immortelle que son armée vient d'obtenir.

L'Autriche et la Prusse délivrées du joug qui les asservissaient s'unissent à la Russie. Buonaparte rassemble une nouvelle armée en 1813, et il parvient jusqu'à Dresde. Là tous ses efforts sont impuissants, et l'Allemagne presque entière s'arme contre lui. Il fuit encore, et c'est sur des blessés et des mourants, qu'il écrase, qu'il rentre à Mayence.(1) L'Allemagne est délivrée. Cependant rentré dans sa capitale il parle toujours de gloire, de victoires, de vengeances ; mais les armées ennemies et victorieuses le poursuivent. Du sein de son palais, il semble croire que d'insolentes proclamations suffiront pour les arrêter et rassurer la France contre les dangers imminents qui la ménacent.

En 1814 ce ne fut que lorsque tous les départements qu'il avait créés dans le nord-ouest de l'Allemagne, et dans la Hollande, eurent secoué son joug, lorsque Jérôme eut été chassé de la Westphalie et Joseph de l'Espagne, lorsque plusieurs départements de l'ancienne France au nord, à l'est, au midi, étaient déjà envahis, qu'il sortit de sa capitale avec les troupes qu'il put rassembler. Après plusieurs actions, ses communications avec Paris furent coupées. Cette vaste cité capitula et elle fut délivrée de sa tyrannie. Il fut forcé d'abdiquer. Il lui restait cependant à cette époque 30,000 hommes de ses meilleures troupes. L'armée de Soult était ralliée. Plusieurs places avaient de fortes garnisons. Buonaparte pouvait continuer la guerre ; il pouvait se défendre ; il eut fallu combatre encore, verser du sang et dévaster plusieurs départements pour achever sa défaite. Ces circonstances et la magnanimité des Alliés les déterminèrent à lui accorder pour prix de son abdication la souveraineté de l'île d'Elbe où il fixerait son séjour.

Sans doute après les crimes dont la vie de Buonaparte avait été souillée, après la perfidie et l'horrible caractère de son génie, cette magnanimité des Alliés fut une imprudence politique. On le plaçait sur les côtes de l'Italie, où toutes les passions soulevées par lui étaient dans la plus grande fermentation, près des côtes de France, par où il pouvait communiquer avec tous les corps de l'armée qu'il avait fanatisée. Presque toute sa famille était en Italie et pouvait conspirer avec lui. Ces faits étaient connus ; mais on devait penser que les Puissances alliées en préviendraient les dangers en plaçant leur ennemi vaincu sous une surveillance assez active pour n'avoir rien à craindre de ses intrigues et de son audace.

Pour lui son abdication, et le traité qu'il signait à Fontainebleau n'étaient qu'une trêve perfide qu'il se proposait de rompre dès qu'il pourrait l'oser.(2)

Louis XVIII. était monté sur le trône de ses ancêtres. Ce prince excellent, éclairé, animé d'un véritable amour pour sa patrie, instruit par le malheur, promettait à la France les jours les plus heureux.

Ce n'était plus un étranger, un Corse, un soldat audacieux, un tyran couvert de forfaits, qui allait régler les destinées de la France. C'était le descendant de trente-cinq générations de rois, le petit-fils de St. Louis et de Henri IV. C'était un roi tout Français, qui le testament de son frère à la main, de Louis XVI. immolé par l'anarchie et le crime, venait ramener la concorde, l'ordre et la paix. La paix avait été signée avec les Puissances alliées. Rien ne menaçait notre repos. Le sort de l'Europe semblait garanti par ce traité. La loyauté et la reconnaissance le rendaient sacré. L'industrie et le commerce se ranimaient, le crédit se rétablissait; le bonheur public renaissait enfin, après tant d'années d'anarchie, de crimes, de destructions, de ruines et de malheurs.

Le Congrès rassemblé à Vienne pour balancer le pouvoir des Puissances de l'Europe, la paix que l'Angleterre négociait avec les Etats-Unis, annonçaient les bienfaits d'une paix générale et de longue durée. Tous les intérêts allaient être conciliés, et des liens de service, de reconnaissance, d'intérêts communs donnaient enfin à la politique de l'Europe les bases mêmes de la morale et de la raison.

C'est dans ce moment que le tyran de l'Europe sort de l'île d'Elbe, descend sur les côtes de Provence avec quelques centaines d'hommes, marche sans obstacles avec sa troupe et quelques bataillons qui s'unissent à lui, jusqu'aux Tuileries, où il se replace lui-même sur son trône impérial. Il marche avec la confiance que lui donne le caractère des agents de la vaste conspiration qu'il a ourdie. Il semble qu'il n'a fait que quitter une de ses résidences pour traverser son empire et rentrer dans sa capitale au milieu des acclamations de ses soldats. Il paraît regarder en pitié les vains préparatifs qu'on avait fait pour l'arrêter. Il commande aux troupes du Roi comme si elles n'avaient pas cessé d'être les siennes. L'armée presque entière viole à la fois tous ses serments et l'honneur du nom Français.

C'est au sein d'une nation qui bénissait son Roi, qui le chérissait, que se passe une scène aussi extraordinaire, qui n'a d'exemples que dans les fastes des nations barbares.

Quelles ont été les causes de cette horrible trahison et du succès de tant d'audace?

Quelles mesures convient-il de prendre pour les punir et pour en détourner les funestes effets?

I.

Causes des événemens actuels.

Dès que Louis XVIII a été replacé sur le trône

de ses ancêtres, toutes les classes utiles par leurs travaux, tous les hommes qui avaient conservé quelques principes de morale, ont béni le ciel de nous
l'avoir rendu. Jamais les temples de l'Eternel ne
retentirent de vœux plus ardents et plus sincères.

Mais cette masse de citoyens, de sujets fidèles
qui forme le corps de la nation est calme, soumise
aux lois, et pour elle l'ordre, la vraie liberté et la
paix sont les premiers des biens.

Après les convulsions qui avaient si long-temps
et si cruellement agité la France, après les crimes
et les désordres dont elle avait été souillée, après
l'ardeur de pillage et de destruction inspirée à
l'armée, après l'insolent orgueil et le mépris de
tous les autres peuples que lui donnaient ses victoires ; il était facile de prévoir que tous les
élémens de discorde et de factions fermentaient
encore. Bientôt les opinions se sont croisées dans
tous les sens jusques sur les marches du trône. Il a
été impossible que le Roi distinguât toujours les
conseils et les projets des hommes qui l'entou-
raient.

L'armée formée pour un système de guerre
continuelle, dans lequel brillaient sans cesse à ses
yeux la gloire, les distinctions, la fortune, le pouvoir, a vu avec effroi le calme de la paix. Ce n'est
pas là ce que lui promettait le vaste empire dont
Buonaparte dit, aujourd'hui, qu'il fondait les bases.
L'armée voyait dans son Empereur un héros que
le ciel avait créé pour commander à la terre.
Elle n'attribuait sa défaite qu'à la trahison de

quelques-uns de ses chefs. Elle rougissait d'avoir vû les armées étrangères maîtresses de la capitale, y donner le plus bel exemple de magnanimité, d'humanité, d'ordre, de discipline et du respect réciproque que les nations doivent à leur dignité et à leur indépendance. Elle sentit combien cette conduite contrastait avec celle que les troupes Françaises avaient tenue dans tous les lieux qu'elles avaient soumis et ravagés. Elle eut préféré que des mesures barbares, eussent justifié ses propres excès.

Plus de soixante mille prisonniers revenus d'Angleterre se plaignaient du traitement qu'ils avaient éprouvé. Plusieurs manifestaient une haine exagérée contre l'Angleterre. (3) Les ennemis du Roi fomentaient cette haine comme une vertu dictée par l'amour de la patrie, comme un des élémens du caractère national, comme un principe dont le gouvernement ne devait jamais s'écarter. (4)

Plus de cent mille prisonniers revenus de Russie, d'Autriche, de Hongrie, d'Allemagne, malgré les maux qu'ils avaient soufferts, partageaient, presque tous, le fanatisme de l'armée pour son Empereur. Telle est l'espèce humaine, le fanatisme qu'on lui inspire, quel qu'il soit, la plonge dans le délire le plus insensé.

Il fallait donc organiser cette armée, être juste envers elle, payer l'arriéré, assurer le service courant avec la plus stricte exactitude ; il fallait instruire, calmer les passions et leur ivresse ; il fallait faire entendre la voix de la patrie et de la raison, et inspirer partout un attachement sincère pour le Roi en montrant partout l'action ferme de sa volonté éclairée et bienfaisante. C'était sans doute un ouvrage immense et difficile, mais il fallait s'en occuper sans cesse. Il ne fallait pas que des économies étroites excitassent des plaintes, rappellassent les espérances et l'éclat passé de l'armée. C'était réchauffer son fanatisme et son délire. On devait prévoir que les ennemis du Roi profiteraient de toutes les fautes que ses ministres commettaient.

Un gouvernement organisé par l'expérience et le temps marche, malgré quelques négligences, quelques fautes, quelques erreurs : mais un gouvernement qu'on organise exige la surveillance la plus active ; sans cela le mouvement s'arrête et tout se brise.

Parmi les officiers généraux de cette nombreuse armée qui dégagés de leurs serments par l'abdication de Buonaparte venaient jurer hommage et fidélité au Roi, il fallait distinguer ceux que leur conduite, leurs lumières, leurs qualités morales, rendaient dignes de confiance, de ceux qui complices des crimes de leur chef, étaient eux-mêmes coupables des plus horribles attentats.

Rien de tout cela n'a été fait. La plus coupable négligence, les choix les plus mauvais, les mesures les plus impolitiques ont donné la mesure de la capacité du ministre auquel le Roi avait d'abord confié le département de la guerre. Des hommes auxquels on n'aurait jamais dû se confier, ont été placés en premier ligne dans les départements les plus exposés aux tentatives que Buonaparte pouvait préparer. On voit quel a été le funeste résultat de cette imprudente confiance.

D'un autre côté, une foule d'émigrés accouraient de toutes les parties de l'Europe et occupaient toutes les avenues du trône. Il semblait que le rétablissement de Louis XVIII. était leur ouvrage et n'était fait que pour eux. Ils ne mettaient aucunes bornes à leurs prétentions. Ils voulaient que tout leur fut rendu. Ils blâmaient la forme du gouvernement, ils le voulaient arbitraire pour en être les instruments. Ils blâmaient les idées libérales du Roi et ses serments. Nourris et soutenus la plupart aux dépens de l'Angleterre pendant leur émigration, il en est plusieurs qui avec une ingratitude qui les déshonore ont oublié tout ce qu'ils devaient à ce gouvernement. Ils doivent gémir aujourd'hui de leur conduite insensée.

Les favoris de Buonaparte, enrichis de ses faveurs, formaient un autre parti d'autant plus dangereux que la trahison, le crime, la séduction, étaient les moyens sur lesquels ils fondaient leurs projets. La négligence avec laquelle on les surveillait, accroissait leur audace.

Ce parti se confondait avec celui des Jacobins, bien plus ennemis de l'ordre public que de la tyrannie, lorsqu'ils peuvent s'en servir ou la partager.(5) Ce parti au moyen des sociétés maçoniques, ou plutôt de leurs relations, étendait son action et sur le sol de la France et sur celui de l'Europe entière. On en avait prévenu le gouvernement, mais il semblait qu'une apathique insouciance fermait les yeux des ministres sur les dangers de l'état.

A tous ces partis s'unissaient ceux de tous les mécontents, dont les prétentions n'avaient pas été accueillies, et parmi eux surtout les Colons qui blâmaient le Roi de ne pas porter le fer et la flamme à St. Domingue. On peut y ajouter encore les nouveaux nobles qui craignaient de voir l'éclat de leurs nouvelles dignités effacé par celles que le temps et des générations avaient consacrées. (6) Ces craintes, il faut le dire, étaient excitées par l'orgueil insultant de quelques membres de l'ancienne noblesse qui ayant fui les orages de la révolution venaient demander le prix de leur nullité. (7) Enfin les acquéreurs de biens nationaux que de fausses mesures qui en annonçaient de plus mauvaises, allarmaient, se joignaient encore aux mécontents.

Jamais tant d'égoïsme n'agita une nation et ne plongea les opinions politiques dans une plus grande confusion, lorsque tous les efforts auraient dû tendre au rétablissement de l'ordre et de la paix.

Les Jacobins dont l'opprobre et les crimes rendaient l'union plus intime et Buonaparte pouvaient seuls mouvoir tous ces partis, en donnant à tous des espérances, ou en se servant de leurs clameurs pour décrier le gouvernement royal.

Buonaparte n'a vu d'espoir qu'en se livrant aux Jacobins. Les Jacobins ont vu qu'ils ne pouvaient agir et ressaisir quelque puissance sans Buonaparte, et sans son armée. Ils savaient que les premiers éléments de cette armée, avaient été rassemblés par eux, que presque tous les chefs, comme Buonaparte lui-même, sortaient de leur sein, que l'esprit qu'ils avaient inspiré à l'armée nationale sous le règne du comité de salut public, non-seulement y dominait encore, mais y avait été exalté par Buonaparte et par ses succès.

Buonaparte et les Jacobins ont eu ainsi les moyens d'exercer la plus grande influence sur l'armée.

C'était, d'un autre côté, sur la lie de la nation, sur cette classe avilie et démoralisée qui dans toutes les villes est l'instrument des crimes et des séditions que les Jacobins avaient établi leur puissance. Ils savaient les moyens de la mouvoir, ils avaient encore presque tous leurs agents. (8)

Buonaparte avait calculé la force de cette puissance, il l'a comprimée pendant qu'il régnait. Aujourd'hui il s'est uni avec elle, il a cru qu'elle seule pouvait lui offrir quelque chance de succès. Elle le perdra; cette épouvantable union se brisera, se trahira, et se détruira elle-même. Ce sont les scènes de la convention nationale qui renaissent. (9)

Les chefs des Jacobins et Buonaparte dans sa retraite ont vu toutes les fautes que faisait le gouvernement et la négligence coupable des ministres de Louis XVIII. Ils ont vu tout le parti qu'ils pourraient en tirer pour ressaisir leur pouvoir.

Le clergé lui-même a offert un moyen de plus. On voyait en Italie, en France, en Espagne, le clergé rappeller les anciennes maximes, les prêcher comme des droits sacrés. On le voyait s'agiter à la cour de Louis XVIII pour s'emparer au sein même de la famille royale, de la piété, de la charité, de la vertu et du malheur, pour influer sur le gouvernement, sur le choix des ministres, sur les mesures les plus importantes. Cette influence alarmait les vrais amis de la patrie.

Aujourd'hui cette influence est signalée par Buonaparte comme un attentat aux progrès des lumières et de la civilisation.

On devait croire que le Pape dont la conduite avait été si belle, instruit par la raison et le malheur jugerait que ce n'est plus sur le fanatisme que la religion doit s'appuyer : mais sur la vérité, sur la morale, sur les vertus publiques et particulières ; voilà l'autorité qu'il devait désirer ; voilà l'empire que devrait avoir la religion ; voilà l'influence salutaire que le chef de l'église devait être jaloux d'exercer. Mais loin de suivre cette marche que la raison et les circonstances lui traçaient, c'est la milice de Rome qu'il a voulu recréer. Le rétablissement des Jésuites est seul un attentat contre la civilisation.

Buonaparte et les Jacobins profiteront de cette erreur politique, si leur pouvoir n'est pas incessamment anéanti.

Voilà les moyens et les éléments sur lesquels a été fondée cette audacieuse conspiration, qui au moment où la France jouissait du repos de la paix, a tout d'un coup armé contre la patrie ses propres enfants, violé tous les sermens, tous les traités; rendû vains et inutiles tous les efforts faits pour combattre la tyrannie, tous les succès obtenus en 1814, et menacé enfin de plonger l'Europe entière dans les plus horribles convulsions. Si l'horreur du crime doit se mesurer par l'étendue des maux qu'il entraîne, jamais il n'y en eut de plus affreux et de plus fait pour exciter l'exécration de tous les peuples et de tous les siècles.

Tous les gouvernemens de l'Europe sans prévoir tant d'audace, devaient craindre cependant le repos même d'un conquérant qui avait porté le fer et la flamme dans leurs états. Ils devaient craindre ce système de désorganisation qui fomenté par des chefs séditieux fermentait chez presque toutes les nations. La France surtout devait porter sur Buonaparte et sur tous les germes de troubles et de sédition la plus active surveillance.

La facilité avec laquelle Buonaparte avait signé son abdication, ne paraissait être motivée que par le désir de conserver son existence, à laquelle il sacrifiait ses vastes projets de domination et de gloire qu'il abandonnait pour jamais. On blâmait sa lâcheté. On devait croire cependant qu'un homme capable d'exécuter tout ce qu'il avait fait pourrait bien ne céder qu'aux circonstances pour saisir ensuite toutes celles qui pourraient le servir. On savait assez qu'on ne pouvait compter ni sur ses paroles ni sur ses traités.

Il y avait sans doute une espèce de magnanimité à lui assurer une existence convenable ; on devait des égards à la Princesse à laquelle son sort étoit malheureusement uni, mais lorsqu'il demanda l'île d'Elbe pour son séjour, il était aisé de prévoir avec quelle facilité il pourrait ourdir, de-là, des machinations dangereuses pour le repos de l'Italie et de la France. Plus cette situation était dangereuse plus il fallait du moins prévenir tous les projets que cet homme pourrait former encore pour troubler le repos de la terre ; repos qu'on venait d'obtenir au prix de tant de sang et de tant de trésors.

L'Empereur de Russie déjà trompé si souvent par Buonaparte devait prévenir les dangers que l'excès de sa loyauté laissaient encore possibles.

La Prusse dévastée par Buonaparte devait surveiller sans cesse le plus cruel de ses ennemis.

L'Autriche avait le plus grand intérêt à cette surveillance pour la sûreté de ses états d'Italie, et pour le maintien de la paix si nécessaire à sa situation et à ses finances.

L'Angleterre, qui seule a soutenu long-temps contre l'oppresseur de l'Europe une lutte si honorable pour la défense de la civilisation contre les attentats du despotisme, devait donc exercer aussi la plus active surveillance.

Lorsque Louis XVIII. fut rendu à la France les acclamations du peuple furent générales ; mais presque toute l'armée ne déguisa pas son mécontentement. Le Roi est trop éclairé, il a trop bien suivi la chaîne des événemens pour ne pas connaître les divers partis qui s'agitaient autour du trône. S. M. n'avait point signé le traité de Fontainbleau ; mais elle avait le plus grand intérêt à en maintenir les conditions. Ce devait être le premier objet des mesures, et de la surveillance de ses ministres.

Il faut le dire, tous les peuples de l'Europe se reposaient sur l'intérêt même de leurs gouvernemens, pour ne rien craindre des vains efforts que pourrait faire l'ennemi qui avait troublé le repos de toutes les nations, sacrifié des millions d'hommes, et porté la dévastation sur tout le continent de l'Europe.

Comment donc cet homme a-t-il pu dix mois après son abdication descendre sur les côtes de France, traverser paisiblement onze départemens sur une ligne de plus de 220 lieues, soumettre les villes sans les attaquer, commander à tous les corps qu'il rencontrait, entrer à Paris, aux Tuileries, se replacer sur son trône impérial, et commander à presque toute l'armée ?

Qu'est donc devenu ce Roi, père du peuple, auprès duquel se réunissaient les acclamations et les vœux de tous les vrais Français ? Que sont devenus ses ministres qui, dépositaires de sa confiance, devaient veiller à sa sûreté et à celle de l'état ? Que sont devenus tous ces chefs de l'armée qui avaient fait serment de le servir et de le défendre ? Qu'est devenue l'armée elle-même dont les nombreux bataillons avaient fait le même serment? Que sont devenus ces émigrés insatiables de faveurs, et qui semblaient se croire les auteurs de la restauration et les sauveurs de l'état? Presque tous ont fui ou trahi. Pas une garnison fidèle dans tout le Nord de la France; partout parjure et infidélité. Les ménagemens que Buonaparte a crû devoir à sa politique, et le dévouement de quelques maréchaux qui ont honoré leurs noms en restant fidèles au Roi, ont seuls sauvé S. M. et les Princes de sa famille.

Le Duc et la Duchesse d'Angoulême peu de jours avant ces événemens inattendus recevaient à Bordeaux des peuples du Midi les témoignages d'amour et de fidélité qui leur ont été voués. C'est au milieu de ces fêtes que la fille infortunée de Louis XVI. a appris les nouveaux malheurs qui menaçaient sa famille et ce Roi, dont ses soins, sa piété filiale ont conservé l'existence. Elle se croyait en sûreté dans cette ville qui la première a arboré l'étendard royal; mais bientôt malgré ses vertus, malgré son courage et ses efforts, la garnison a trahi ses serments, les satellites des Jacobins se sont ameutés; elle a été forcée de fuir, et elle est revenue chercher un asile dans cette île hospitalière qui déjà l'avait accueillie et avait honoré son courage et ses vertus.

Le Duc d'Angoulême, abandonné de ses troupes, a été forcé de céder à la force; mais la fermeté et le courage personnel du petit-fils de Henri IV. ont été dignes de son caractère et de son nom.

Ainsi la France presque entière est sacrifiée par la trahison et l'égoïsme de ses propres enfans, de ceux dont la gloire devait être de la défendre. L'audace d'un homme qui les fanatise et les entraîne plongera-t-elle la nation entière dans la stupeur, le désespoir et l'esclavage?

Le descendant de St. Louis et de Henri IV. qui plaçait son bonheur dans celui de son peuple est forcé de fuir. Pas un département ne lui offre un asile sûr. Les soldats n'entendent plus la voix des chefs fidèles à la patrie. La France se courbe devant le tyran qui l'a flétrie et qui la brave. Les Suisses seuls restent inébranlables et fidèles.

Non, ce n'est point la France entière qui se déshonore ainsi. Partout où la force armée et de vils séditieux ne comprimeront pas les Français, leur opinion se manifestera, leurs efforts se réuniront, et les misérables satellites de la tyrannie seront anéantis ou réduits au silence.

Ces vrais Français, les seuls qui aient aujourd'hui conservé ce nom, se reposaient, nous l'avons déjà dit, sur la sagesse du gouvernement; ils ne voyaient pas que toutes les causes que nous avons développées devaient porter une grande indétermination dans l'esprit du Roi. Son âme franche et élevée ne pouvait croire que l'armée Française oublierait à ce point l'honneur, la gloire, et cette fidélité héroïque qui la distingua toujours. Elle ne pouvait croire que des serments de fidélité fussent dictés par la plus horrible trahison; elle ne

pouvait croire que cette ancienne noblesse dont
le sang avait coulé tant de fois pour la patrie et
pour le Roi, ne veillat pas autour de lui, comme
une phalange sacrée que rien ne pourrait renverser. Elle ne pouvait penser que jamais la
France préférat un Corse, couvert de sang et de
crimes, à un descendant de St. Louis ; elle devait
croire que les ministres dépositaires de sa confiance
veilleraient sans cesse à la sûreté du monarque sur
lequel reposait le salut de l'état.

Rien ne peut excuser ces ministres. Tous sont
responsables envers la nation du malheur dont ils
devaient la préserver. Le caractère de Buonaparte, l'irritation où il devait être après sa chûte,
le mécontentement de l'armée qui ne voyait plus
ni guerre, ni pillage à espérer, le fanatisme que
Buonaparte avait inspiré à cette armée, pour
l'idole de fausse gloire qu'il avait créée pour elle ;
gloire qui ne reposait plus sur l'intérêt de la patrie, mais sur l'intérêt de l'armée et de son chef ;
gloire qui ne consistait qu'à vaincre, qu'à piller,
qu'à détruire ; gloire enfin qui n'avait d'autre
objet que de réunir tous les pouvoirs à celui de
la force armée, et de rejetter toutes les autres
classes de citoyens dans la servitude et l'esclavage ; tous ces motifs devaient appeller sur lui la
plus active surveillance. L'Europe paraissait délivrée du fléau le plus destructeur qui depuis At-
tila eut pesé sur elle ; il fallait en prévenir le retour.

Il fallait s'assurer de l'armée ou la réduire. Il

fallait surveiller les chefs militaires, les grands dignitaires, les satellites des crimes de Buonaparte, ses frères, ses sœurs, qui avec les dépouil-les de la France intriguaient et correspondaient avec lui de Suisse, d'Italie, partout où ils pouvaient pénétrer.

Il fallait faire cesser les clameurs inconsidérées des émigrés et de l'ancienne noblesse. Il fallait éclairer l'opinion publique contre l'injustice de ces clameurs, contre les prétentions dont on fatiguait le Roi tantôt pour obtenir des places, tantôt pour lui persuader qu'il devait régner comme Louis XIV. que la charte constitutionnelle était une entrave qui blessait ses droits, et qu'il fallait briser.

Il fallait surveiller et contenir le clergé.

Il fallait s'occuper d'un système politique fondé sur notre situation actuelle, et sur notre constitution.

Il fallait organiser un système militaire, et un système d'administration intérieure, co-ordonnés aussi à notre situation et à notre constitution.

Voilà la tache qu'avaient à remplir les ministres; voilà quels étaient leurs devoirs envers le Roi et la patrie.

Qu'ont-ils fait? Les événements mêmes répondent.

On a abusé de la confiance et de la bonté du Roi. On a écarté des hommes utiles et des avis salutaires. On s'est occupé de petits objets de représentation et d'étiquette, et on a négligé ou ajourné des objets de la plus haute importance. L'administration des relations extérieures n'a point exercé la surveillance qu'elle devait porter sur tous les rapports de Buonaparte et de ses agens avec les divers cabinets de l'Europe ; l'administration de l'intérieur a été faible, négligée, et souvent dirigée par de faux principes, ou par l'influence des créatures de Buonaparte. L'administration des finances n'a point eu le caractère que les circonstances et le rétablissement du crédit exigeaient. L'administration de la guerre a été presque toujours influencée, ou dirigée par les conspirateurs. L'administration de la marine a été faible ou a trahi. Les administrations de la police et des postes étaient dirigées en sous ordre par les agents mêmes de Buonaparte et des Jacobins.(10)

Tel était le ministère auquel S. M. avait accordé sa confiance. C'est dans les bureaux même de ce ministère que s'organisaient les mesures qui devaient assurer le succès de la conspiration.

Le temps nous dévoilera quels ont été les premiers auteurs de ces projets, et quelles trames ils ont ourdies. Tout semble prouver que les chefs des Jacobins ont organisé cette conspiration. On voit l'influence qu'ils ont eue dans tous ces ministères. Tout annonce qu'ils n'ont appellé Buonaparte, ou traité avec lui, qu'après avoir inutilement tenté d'entraîner le Duc d'Orléans dans leur parti, et lorsqu'ils ont pensé que Buonaparte seul pouvait fanatiser encore l'armée entière e lui faire violer tous ses sermens.

Louis XVIII. plein de loyauté et de confiance, s'est trouvé placé dans un labyrinthe inextricable d'ambitions, de prétentions insensées, de corruption, d'incapacité, de négligence, de perfidie, de conspiration, qui remplissaient toutes les avenues du trône. C'est ainsi que la vérité en était toujours écartée. Telle était l'extrême confiance de S. M. que même après la descente de Buonaparte le Roi regardait cette entreprise comme insensée : car il était bien convaincu, disait-il, de la fidélité de l'armée. Comment les ministres pouvaient-ils croire que l'armée, entièrement vendue et livrée, était fidèle ? Comment ne voyaient-ils pas que les agens de Buonaparte et des Jacobins remplissaient les branches les plus importantes de l'administration, et particulièrement la police générale, et le service des postes ? Comment n'en instruisaient-ils pas le Roi ?

Lorsqu'on examine toutes les causes, tous les moyens qui ont servi la conspiration, on ne s'étonne plus de ses succès : mais on s'étonne qu'un ministère entier, auquel la sûreté de l'état et du Roi était confiée, ait porté la négligence, l'incapacité ou la perfidie au point de laisser cette conspiration s'accomplir, lorsque la moindre prévoyance pouvait tout arrêter.

Après la paix de Paris, quel était le plus grand intérêt de tous les gouvernements de l'Europe fatigués par vingt-cinq ans de désastres, de désolation, de massacres, et de malheurs ? Celui, sans doute, d'assurer la paix générale sur des bases inviolables. Il fallait donc prévenir tout ce qui pouvait la troubler. On connaissait l'audace, la perfidie, le machiavélisme profond, du tyran qu'on venait de terrasser. Il fallait donc, on ne peut trop le répéter, le surveiller toujours puisqu'on lui laissait une existence politique qu'on lui garantissait. On savait que les chefs de l'anarchie où la France avait été plongée, existaient encore. On savait qu'ils s'indignaient d'être sans pouvoir et de l'opprobre qui les couvraient. On savait que parmi eux étaient les têtes les plus fortes dans l'art des conspirations. On connaissait l'immoralité extrême du plus grand nombre d'entre eux. On savait qu'il n'y avait plus de crimes pour eux. On connaissait leurs rapports avec l'armée qu'ils avaient, comme nous l'avons dit, façonnée dès l'origine à leurs principes, et créée pour l'exécution de leurs projets. On savait que cette lie des peuples qui accourt partout où est le désordre, l'anarchie, le pillage, les crimes, était à leur disposition dans presque toutes les parties de l'Europe. On devait penser qu'ils conspiraient encore, et qu'au moment où quelque chance favorable s'offrirait pour eux ils feraient agir à la fois tous les ressorts de leur infernale puissance.

Par quelle étrange fatalité tous les cabinets de l'Europe ont ils négligé ce premier objet de leur surveillance et de leurs soins ?

Et tandis que le Congrès de Vienne s'occupait de balancer les pouvoirs de l'Europe, de donner aux peuples des constitutions plus libérales, plus propres à assurer leur bonheur, comment n'a-t-on pas vû qu'il fallait veiller sur toutes les causes qui pouvaient troubler l'Europe?

Dans nos constitutions modernes l'ordre social est toujours menacé par la direction qu'un chef audacieux, ou des factieux peuvent donner à la force armée, et à la classe indigente et corrompue du peuple.

Jamais l'influence de ces deux puissances n'avait été plus grande que sous Buonaparte et les Jacobins. Le mécontentement de l'armée Française était connu. Les menées des Jacobins ne pouvaient être ignorées du gouvernement, car ils avaient mis à prix leur pouvoir pour seconder ou abattre le gouvernement royal. Le ministre de France au Congrès de Vienne devait en être instruit. Comment donc n'a-t-il pas appellé l'attention de tous les souverains sur les dangers dont la France et l'Europe entière étaient menacées? Quel est le systême qui a pu laisser agir ces causes sans tout préparer pour en arrêter les horribles résultats? La pensée s'égare dans l'immensité des conjectures. La plus simple mesure pouvait tout prévenir, et on laisse organiser la plus incroyable révolution qui ait encore eu lieu sur la terre, au moment où toutes les puissances s'occupaient de la paix et de la sûreté de leurs états.

On ne peut trop méditer sur cette grande erreur politique que tous les cabinets de l'Europe ont partagée. Tous avaient un intérêt commun et un intérêt particulier à surveiller la France,

et à prévenir la fermentation des élémens de désordre et d'anarchie qu'ellecontenait encore. Tous
ont négligé cette surveillance.

Il est donc du devoir de tous les gouvernements,
de l'intérêt de tous les peuples, de l'intérêt de la
civilisation, de l'ordre social, que cette erreur soit
réparée, que les mesures les plus promptes, les
plus actives, les plus énergiques, soient immé-
diatement prises pour étouffer cette horrible conspiration. Tout intérêt national et particulier
doit céder à l'intérêt de toutes les nations.

II.

Mesures à prendre.

Il faut un grand exemple aux nations de la
terre. L'existence de Buonaparte et le repos de
l'Europe ne peuvent plus se concilier. Les Puissances alliées en déclarant qu'elles ne traiteraient
point avec lui, et qu'ayant trahi tous ses serments,
tous les traités qui le liaient, il était hors de la loi,
ont déjà fait un grand acte public qui doit éclairer
et réunir toutes les opinions.

Si cet homme n'était pas couvert de crimes,
s'il n'avait pas violé toutes les lois divines et humaines, si les conceptions les plus infernales n'a-
vaient pas dirigé sa politique, s'il n'avait pas fait
du crime le ressort de son pouvoir,(11) s'il n'avait
pas troublé le repos de l'Europe, s'il ne l'avait
pas couverte de sang et de ruines, si cinq ou six
millions d'hommes n'avaient pas été sacrifiés à son
insatiable ambition : on pourrait mettre en doute

s'il importe peu à l'Europe que la France lui soit soumise ou non.

Les faits sont incontestables, et les expressions manquent pour en peindre l'horreur. On ne peut prétendre que cet homme doit règner sans outrager la France et tous les gouvernements, sans violer les principes sacrés de la civilisation et de la morale publique. Ce n'est plus qu'un criminel audacieux que tous les codes de l'Europe condamnent.

Voilà ce que tous les Cabinets de l'Europe ont déjà reconnu.

Au moment où la rentrée de Buonaparte en France fut annoncée en Angleterre l'indignation devint générale. Le Prince Régent se prononça avec toute la force de son noble caractère et de son attachement pour Louis XVIII. La majorité des deux chambres, les ministres partagèrent le même sentiment. Les troubles intérieurs qui avaient agité Londres, relativement à l'importation des bleds, cessèrent. On sentit qu'il s'agissait du repos de l'Europe, et que la paix achetée par tant de sacrifices allait être long-temps troublée, si de nouveaux efforts et des mesures énergiques n'arrêtaient pas les suites effrayantes de cette audacieuse conspiration.

Les potentats réunis au Congrès de Vienne et les Plénipotentiaires de toutes les autres puissances virent que les mêmes dangers les menaçaient tous, et que leur union dans cette circonstance étoit le devoir le plus sacré. Ils virent que tout ce qui avait été fait de grand, de magnanime,

d'utile pour l'humanité entière en 1814, seraitdé-
truit, si la France allait être courbée encore sous le
joug du tyran dont ils l'avaient délivrée.   Leur
déclaration du 13 Mars est le résultat unanime
des résolutions qu'ils ont prises ; le traité du 25
Mars garantit l'exécution de ces résolutions et en
assure les moyens.

Le Traité de Chaumont,

Le Traité de Fontainebleau,

Le Traité de Paris,

La Déclaration des Puissances alliées du 13
Mars,

Les Traités d'Alliance de l'Autriche, de la
Russie, de l'Angleterre, de la Prusse, du 25
Mars,

Les Actes de Ratification de ce Traité, et
Les Traités de subsides, (12)

Sont aujourd'hui les bases du systéme et des
plans qui doivent être suivis, des mesures qui
doivent être prises, pour anéantir la ligue criminelle qui menace tous les gouvernements, et
l'indépendance et la liberté de tous les peuples.

Jamais coalition ne fut plus sacrée.   Le temps
presse.   Il ne faut pas laisser aux conspirateurs
celui de préparer les torches qui enflammeraient
l'Europe entière.

Cette conspiration doit être anéantie.   Voilà
l'objet auquel toute autre considération politique
doit céder.

Ce n'est pas à la France qu'il s'agit de déclarer
la guerre.   C'est un audacieux criminel qui a

forfait à toutes les loix divines et humaines qu'il s'agit de détruire ou d'enchaîner.

C'est avec le chef auguste de cette nation qui toute entière a juré de lui être fidèle que doivent être combinées les mesures les plus promptes pour délivrer la France de l'oppression sous laquelle le crime, la trahison, la terreur tiennent la masse de la nation enchaînée.

C'est dans cette circonstance du plus haut intérêt pour la France, pour la famille des Bourbons, que S. M. doit s'entourer des conseils les plus fidèles, les plus fermes, les plus éclairés. Toute affection particulière doit céder au devoir sacré de rétablir l'ordre et la paix. Les vrais amis du Roi sont ceux qui lui feront entendre la vérité toute entière. C'est le devoir que nous remplissons aujourd'hui.

Afin de bien connaître les mesures qu'il importe de prendre pour diriger l'opinion, pour atteindre rapidement le but auquel vont tendre les efforts de S. M. et les secours que lui offrent les Puissances alliées, il faut, sans rien déguiser, examiner les motifs sur lesquels Buonaparte prétend fonder aujourd'hui sa nouvelle usurpation, il faut examiner sa conduite, ses moyens, et les actes de son monstrueux ministère. Il faut enfin examiner les motifs avec lesquels le parti de l'Opposition a combattu dans les deux chambres du Sénat Britannique, la sagesse et la loyauté des mesures que le gouvernement Anglais a cru devoir prendre de concert avec les Puissances alliées.

Buonaparte établit ses droits *sur le vœu de la nation qui l'a rappellé, qui l'a acueilli avec acclamation, qui partout se soumet et lui prête serment de fidélité. Elle ne veut plus des Bourbons. Ils sont incapables de gouverner. La faiblesse seule avec laquelle ils viennent d'abandonner le trône prouve qu'ils ne peuvent plus l'occuper. Mais appellé par le peuple il veut lui donner une constitution plus libérale, plus forte pour la garantie des droits sacrés qui appartiennent à tous les peuples ; il veut ratifier la paix avec tous les gouvernements, il renonce au grand empire, dont pendant quinze ans il avait fondé les bases ; il ne veut s'occuper que du bonheur intérieur de la France ; l'agriculture, le commerce, les manufactures, les sciences, les arts, l'éducation publique, tout ce qui peut tendre à la prospérité et à la gloire réelle d'une nation seront les uniques objets de son administration et de ses soins. C'est là qu'il place aujourd'hui sa gloire personnelle et toutes ses pensées.*

Les gouvernements de l'Europe violèraient la raison, la justice, les premiers éléments du droit public, les principes sacrés de l'indépendance des nations, leur intérêt particulier même, si elles s'opposaient à l'exécution d'un pareil plan, si elles voulaient se mêler des affaires intérieures de la France, si pour soutenir une dynastie incapable de régner, elles voulaient rallumer les flambeaux de la guerre : alors la nation entière défendrait son indépendance et ses droits avec la même énergie qu'elle les a déjà défendus.

Voilà le language de Buonaparte, et on ne nous accusera sans doute pas d'affaiblir les motifs sur lesquels il fonde son usurpation. C'est le génie du bien qui va succéder augénie du mal.

Mais quel est l'homme qui tient ce langage? qu'est-ce que Buonaparte? quels sont les hommes auxquels il vient de s'unir? Non, la France n'est pas dégradée au point d'oublier les crimes dont Buonaparte et les ministres dont il s'entoure sont souillés; non, elle n'a pas oublié à ce point tout sentiment de son indépendance, de son antique gloire, tout principe de morale et d'ordre social.

La France est opprimée, désarmée, enchaînée par la force; mais partout elle frémit et s'agite.

Aucun acte national n'a rappellé Buonaparte.

Aucun acte national n'a exclu les Bourbons.

La France a prêté serment à Louis XVIII.

La couronne lui a été transmise par ses ancêtres, et déférée par le vœu de ses peuples.

Lui seul est souverain légitime.

Les puissances de l'Europe ne reconnaissent que lui.

Buonaparte prétend que la nation l'a rappellé. Où est l'acte de ce rappel? Quelle Assemblée Nationale l'a délibéré et émis?

L'armée et les chefs des Jacobins sont-ils la nation? Leur a-t-elle conféré le droit de voter pour elle et de disposer de la couronne? Est-elle esclave au point qu'elle ait perdu le droit de délibérer elle-même? Est-elle avilie au point d'avoir déféré ses droits à une armée parjure et révoltée, et à des chefs de meurtres et d'assasinats? Est-elle assez insensée pour croire des promesses dictées par le mensonge et le crime?

Partout les vrais François s'indignent et vont se rallier. Qu'on leur rende leur indépendance et des armes, et la rebellion de l'armée sera bientôt anéantie. Dans les rangs de l'armée elle-même, ce n'est que par la force que des bataillons entiers sont contenus. C'est en trompant l'armée que Buonaparte l'a séduite et enchaînée. Déjà les regrets de l'armée se manifestent ; le voile tombe.

Voilà le véritable état des choses qu'on cherche en vain à déguiser.

C'est par les plus audacieuses impostures qu'on calomnie la nation.

Buonaparte le sent bien et aujourd'hui il est épouvanté lui-même de l'audace de son entreprise. Il a perdu toute confiance dans son génie et dans ses succès. Le caractère des hommes dont il est entouré l'inquiète et le tourmente. Il a déjà les convulsions de la tyrannie dont les supplices s'apprêtent.

Quels ont été ses actes? des décrets de proscription avant même qu'il eût atteint les marches du trône ; des envois d'agents, de chefs et de troupes dans tous les départements dont il redoutait la résistance ; l'ordre d'enlever les armes, partout où elles auraient pu être prises contre lui ; le renouvellement des décrets de proscription contre les Bourbons, des envois de traîtres et d'espions auprès de tous les gouvernements pour faire fermenter partout de nouveaux germes d'anarchie et de sédition.

Après avoir violé le traité qui seul assurait son existence politique, des protestations de paix à toutes les Puissances, comme si la paix eût été traitée avec lui ; comme s'il pouvait aujourd'hui y avoir aucun traité pour lui ; comme si et l'usurpation et la légitimité de la majesté souveraine avaient les mêmes droits dans l'ordre politique et dans les rapports des nations. Jamais on ne s'est plus audacieusement joué des principes les plus sacrés. Nous devons le dire, rien ne nous a plus étonnés que de voir au sein du Sénat Britannique les chefs de l'Opposition défendre Buonaparte, prétendre que la France le voulait pour chef, et que c'était violer le droit des gens, les principes sacrés de l'ordre politique, que de s'armer contre lui.

Les chefs de l'Opposition ne peuvent ignorer les faits que nous avons tracés. Est-ce de bonne foi qu'ils défendent un système dont l'adoption entraînerait bientôt la dévastation de l'Europe, et la ruine de la civilisation ?

L'Opposition a-t-elle oublié les crimes de l'homme qu'elle défend ? A-t-elle oublié la perfidie et le machiavélisme profond de son caractère ? A-t-elle oublié les outrages, dont il a voulu flétrir tous les souverains de l'Europe ? A-t-elle oublié les fureurs de la haine qu'il porte à l'Angleterre et à son gouvernement ? Jamais Buonaparte n'a proposé la paix à l'Angleterre que pour préparer les

moyens d'y exciter des séditions et d'y porter ensuite le fer et la flamme.

C'est l'Angleterre qui a arraché l'Europe aux
fureurs de ce tyran. Pourrait-t-elle aujourd'hui
lui rendre les moyens de les exercer ? (13)

Sans doute l'indépendance des nations leur assure
le droit d'organiser elles-mêmes leur gouvernement
intérieur : mais cette indépendance doit être su-
bordonnée aux principes d'ordre, de morale, de
justice, que le maintien de la civilisation rend
sacrés ; et lorsque l'abus de cette indépendance
ou plutôt la tyrannie qui l'opprime viole tous les
principes, et menace l'indépendance de toutes les
autres nations, alors c'est le maintien même du
droit des gens et de l'ordre public qui impose à
tous les autres gouvernements, pour l'intérêt de leurs
peuples, le devoir sacré de prévenir un pareil
danger, et d'abattre l'usurpateur audacieux qui
pour garantir les traités qu'il prépare, ne pourrait
présenter d'autres titres que les traités qu'il a
violés, que ses parjures, que ses crimes.

Ah ! sans doute il est affreux pour tous les Français, fidèles à l'honneur, de voir que, pour détruire la tyrannie qui opprime leur patrie, il faille
appeller des armées étrangères sur leurs champs pa-
ternels, et au sein de leurs cités ; mais lorsque
la conspiration la plus perfide et la plus horrible a
séduit l'armée entière qui doit toujours garantir
l'indépendance nationale, lorsque tous les citoyens
sont désarmés, lorsque tous les moyens de se réunir
sont ôtés, quel espoir leur reste-t-il que l'intervention

des autres nations, que la réunion de leurs forces, que la sagesse et la magnanimité de leurs résolutions ? Ce n'est pas de la destinée de la France seule dont il s'agit, c'est du sort de l'Europe entière.

L'occupation de la France par les armées alliées est donc devenue une loi impérieuse pour sauver la civilisation, pour assurer l'indépendance des peuples, et abattre la plus audacieuse et la plus perfide des tyrannies.

Plus les mesures seront énergiques et rapides, plus elles préviendront de dangers et de malheurs, plus elles épragneront de sang et de trésors.(14)

A l'instant où les armées entreront, à l'instant où l'antique oriflamme de France sera plantée sur le sol de la patrie, un mouvement général renversera et le tyran et ses satellites. Tout annonce que cette lutte sacrée ne peut être longue. Les noms des chefs auxquels le commandement des armées est confié; leur expérience consacrée par la victoire, leur sagesse, leur prudence répondent de l'énergie des mesures qu'ils prendront pour préserver tous les Français fidèles à leur patrie, à leur souverain, à leur Roi, des malheurs qu'entraîne la guerre.

Plus la liberté des Français a été anéantie par la conspiration criminelle qui opprime tous les départemens, et plus le mouvement qui seul peut rendre à la nation son honneur et son indépendance aura de force et de puissance.

Quelle serait la nation assez corrompue, assez avilie pour vouloir pour chef une ligue de conspirateurs, de brigands et d'assassins ?

Tout rend donc indispensable la marche des armées alliées contre Buonaparte, ses conseils et son armée.

Mais tout impose aussi au Roi, à sa famille entière, à tout Français fidèle, les plus grands efforts, et l'accord le plus énergique et le plus sacré. C'est le caractère que prendra cette union, ce sont les actes de dévouement qu'elle dictera, qui rendront à la France et son honneur et sa gloire.

Le succès alors ne sera pas douteux. Les peuples s'éclairent enfin sur les malheurs qu'entraîne l'anarchie qu'on leur offrait comme le règne de la liberté. L'Italie vient de repousser cette fausse liberté, que le *massacreur* du peuple de Madrid offrait pour seconder les mesures de Buonaparte et jetter l'Europe entière dans de nouvelles convulsions. Ce grand acte de justice est déjà un grand succès. Les gouvernements s'éclairent, ils ont appris et par leurs malheurs mêmes et par l'expérience du gouvernement le plus fort qui ait existé sur la terre, que les droits des peuples, que leur indépendance doivent été religieusement respectés, que des lois sages doivent fixer les limites du pouvoir et l'exercice invariable de la justice.

Cette époque est remarquable entre toutes celles dont l'histoire nous a consacré le souvenir.

C'est à l'Angleterre à achever son ouvrage. C'est à elle, c'est au génie de Pitt que l'Europe a déjà dû son salut, lorsque le délire d'une liberté insensée agitait la France et menaçait tous les gouvernements. Si cette démagogie barbare eut renversé le gouvernement Anglais, l'Europe entière eut croulé de toutes parts. La civilisation s'anéantissait, l'anarchie et le despotisme désolaient la terre. Les forêts de l'Amérique auraient seules offert un asile à l'homme éclairé, sensible et malheureux.

Sans doute pour soutenir cette lutte honorable, l'Angleterre a versé d'immenses trésors et fait de douloureux sacrifices : mais sa puissance, sa gloire et sa richesse se sont accrues par ses efforts mêmes. Voyez le rang qu'elle occupe parmi les nations.

Sans doute elle a contracté une dette immense, mais la forme de sa constitution, la sagesse de ses institutions, les bases de son crédit, assurent à la fois, les intérêts de cette dette et son decroissement, dès que la paix lui sera rendue.

Sans doute l'Angleterre a des abus à reformer, de grands mesures à prendre. Son régime prohibitif paraît demander des changements essentiels, les circonstances ont changé. Ce régime a accru longtemps ses richesses et son commerce ; aujourd'hui sur plusieurs objets il arrête l'extension des opérations commerciales, et il réduit le profit de ses capitaux.

Mais pour parvenir à cet état de paix qui seul peut permettre ces réformes importantes, il faut de nouveaux efforts et de nouvelles dépenses pour étouffer les germes d'une conspiration qui en asservissant la France mettrait toute l'Europe dans la plus horrible confusion.

Ce sont quelques mois d'efforts encore pour écarter des siècles de malheurs. Ce sont quelques millions à sacrifier encore pour éviter une ruine certaine.

Ces dépenses que les circonstances exigent impérieusement seront bientôt balancées par les réductions que la paix seule-peut permettre dans toutes les parties des dépenses publiques.

Il n'y a pas de choix entre quelques sacrifices, quelques efforts encore, et les dangers d'une ruine entière.

Ces observations répondent aux sophismes de l'Opposition, sophismes qui au sein d'une nation éclairée doivent cesser d'influer sur l'opinion.

Sans doute la liberté des peuples est sacrée, sans doute en Angleterre plus qu'ailleurs elle doit être défendue avec énergie : mais je le demande aux hommes qu'un vrai sentiment de liberté anime : et qui fondent cette liberté sur des principes de justice, d'ordre, et de morale; est-ce à des meurtriers, des assassins, des parjures, qu'on doit confier le soin d'établir cette liberté que leurs noms seuls outragent ?

Le Prince auquel la Providence confie aujourd'hui le soin de régir ce bel Empire Britannique s'est noblement et loyalement montré à la hauteur des circonstances actuelles. Il a vu la conspiration de Buonaparte, des Jacobins et de leur armée comme le plus violent attentat qui put être porté à la sûreté de l'Europe. Ses ministres guidés par les mêmes principes ont développé dans leurs négociations, dans leurs mesures une énergie qui les honore. La très-grande majorité du sénat Britannique au milieu des débats les plus intéressants a adopté le systême d'alliance que le salut commun de tous les gouvernements commande.

Jamais peut-être aucune époque ne présenta une scène d'un plus haut intérêt. Jamais les princes et les peuples n'eurent de leçons plus importantes à recueillir pour leur sûreté, leur gloire, leur repos, et leur bonheur.

L'Empereur de Russie et le Roi de Prusse ont donné en 1814 en entrant à Paris le plus grand exemple de modération et de magnanimité qui soit conservé dans les fastes de l'histoire. Ils ont enchaîné la vengeance que les outrages qu'ils avaient reçus semblaient armer. Ils ont distingué le tyran qu'ils venaient de vaincre, du peuple qu'il opprimait. L'Empereur d'Autriche et tous les princes que réunissait cette coalition ont suivi ce grand exemple.

Aujourd'hui l'intérêt de tous les gouvernements est que le résultat de leurs efforts, de leurs sacrifices, de la vraie gloire qu'ils ont acquise, ne soit pas anéanti par la trahison et le parjure du tyran qu'ils ont eu la clémence d'épargner.

Leur devoir aujourd'hui est de défendre la paix qu'ils croyaient avoir donnée à l'Europe, et de l'affermir sur les bases sacrées de l'ordre et de la justice.(15)

C'est pour réparer les maux que leurs peuples ont soufferts, c'est pour perfectionner leur administration intérieure, pour rétablir l'ordre, l'industrie, le commerce, dans leurs états, qu'ils doivent réconquérir la paix et étouffer tous les germes d'anarchie et de désordre qui pourraient la troubler.

L'Empereur de Russie a d'immenses conquêtes à faire dans ses états, en civilisant ses peuples, en favorisant leur population, en animant leurs cultures, leur industrie et leur commerce.

Le Roi de Prusse a à rétablir les pertes et les malheurs qu'ont éprouvés ses peuples. L'amour et la confiance l'unissent à ses sujets. La paix seule convient aujourd'hui à son caractère, à sa politique et à ses vœux.

L'Empereur d'Autriche après tant de sacrifices a besoin de la paix pour réaliser les projets que son affection pour ses peuples rend du plus haut intérêt pour eux.

Tous les Princes d'Allemagne ont les mêmes intérêts, tout les appelle à s'occuper du bonheur de leurs sujets.

Le nouveau Royaume du Pays-Bas, et les deux Royaumes du Nord ont besoin de la paix et pour leurs gouvernements et pour leurs peuples.

L'Italie vient de manifester elle-même le besoin qu'elle a de voir cesser les convulsions qui l'ont si long-temps troublée et de rétablir l'équilibre des pouvoirs qui peut seul assurer son repos ; mais il faut pour cela que le Chef de l'Eglise Romaine soit enfin convaincu que la superstition et la tyrannie des consciences sont repoussées par le degré où est parvenu la civilisation. C'est la morale de l'Evangile qui doit être le langage de l'Eglise, si elle veut conserver son influence sur le bonheur des peuples.

C'est sous le joug de la superstition que les Rois de Sardaigne et d'Espagne paraissent se courber encore. L'exemple de tous les autres gouvernements les éclairera sans doute. Le leur ne peut plus être contagieux, ne peut plus alarmer les puissances de l'Europe sur leur indépendance et leur liberté.

Mais c'est la France surtout qui doit appeler la paix. Elle, qui après avoir été le foyer épouvantable de tous les troubles qui depuis vingt-cinq ans ont agité la terre, est aujourd'hui enchaînée sous le despotisme du crime et de la trahison.

Ce sont les séditieux qui l'ont souillée et asservie, c'est le tyran barbare qu'ils ont créé et qu'ils viennent de rappeller qui ont détruit l'équilibre de toutes les relations politiques, qui ont fait périr dix millions de victimes et porté le deuil et l'effroi dans toutes les familles, qui ont incendié les cités et dévasté les champs, qui ont égaré les opinions par la terreur, qui ont ébranlé tous les principes de morale, et renversé les lois les plus sacrées, qui ont menacé la civilisation d'un subversion totale et l'espèce humaine d'être plongée dans la barbarie et l'esclavage.

Ici il faut faire entendre le langage de la vérité la plus sévère. De trop grands intérêts se lient au sort de la France pour qu'il soit permis de rien taire de ce qui peut éclairer l'opinion publique et déterminer le but vers lequel tous les efforts doivent tendre.

La masse de la nation veut la paix, l'indépendance nationale, une constitution qui la garantisse, et elle rappele de tous ses vœux le petit-fils de Henri IV. Elle repousse avec horreur l'idée d'asservir sa liberté sous le joug du tyran qui opprime la patrie.

Les hommes éclairés et purs qu'aucune vue particulière ne domine, qui ne sont animés que par l'intérêt de la nation, de la vraie liberté, du maintien de la civilisation, sont tous de ce parti.

C'est eux surtout qui doivent être entendus par les Puissances alliées. C'est particulièrement dans les conseils de S. M. B. qu'ils doivent être consultés. L'influence du cabinet de Londres peut être immense dans ce moment ; mais ce cabinet adopterait de fausses opinions et sur le vœu de la France et sur les mesures qu'il aurait à prendre, s'il s'arrêtait aux idées que manisfestent la plupart des Français réfugiés en Angleterre.

Les uns, et c'est le plus grand nombre s'effraient au seul mot de constitution. Ils veulent que tout soit rétabli comme avant 1789. Ils veulent que le Roi ait une pleine et entière puissance. Tout ce qui porte le nom de *constitution* les épouvante. Parmi ceux qui défendent cette opinion sont plusieurs membres de l'ancienne noblesse et du clergé. L'ancienne noblesse voit dans la royauté ainsi rétablie le rétablissement aussi de ses priviléges, de ses droits féodaux ; le clergé de ses revenus et de sa puissance. Nous avions une constitution, disent-ils; elle a duré huit siècles, elle a fait la gloire et le bonheur de la France.

Ainsi ils voudraient que Louis XVIII. renversat lui-même la constitution qu'il a donnée et solemnellement jurée comme étant l'expression du vœu de la France entière manifesté dans tout le cours de la Révolution.

Ils oublient ou ne connaissent pas les principes et les vérités incontestables que les progrès de la civilisation ont consacrés, et qui ne peuvent plus être écartés que par la tyrannie et l'esclavage.

C'est à Londres qu'ils osent tenir ce langage. C'est au milieu d'une nation qui par les principes qu'ils combattent a donné à la terre le plus grand exemple du degré de puissance et de prospérité où peut parvenir un peuple par une sage constitution et par le respect pour la loi.

Vous aviez une constitution, dites-vous; mais qu'a-t-elle empêché? A-t-elle prévenu les horreurs de la Ligue, les efforts faits pour exclurre le meilleur de nos rois, le despotisme de Richelieu, les troubles de la minorité de Louis XIV., la proscription de la partie la plus industrieuse de ses sujets, le despotisme du clergé à la fin du règne de ce monarque, la licence de la régence qui a si malheureusement influé sur les mœurs de la nation, la lâcheté du régne de Louis XV. qui en fut le résultat? Cette constitution enfin a-t-elle empêché les malheurs dont vous vous plaignez?

A-t-elle empêché que Louis XVI. ne portat sa tête sur l'échafaud ? Ah ! lisez le testament de ce Prince infortuné ; c'est un titre sacré, qui semble avoir été dicté par le ciel lui-même ; c'est ce testament qui est la base de la constitution que nos vœux appellaient, et que Louis XVIII. a jurée.

Mais, direz-vous, cette constitution nouvelle que le Roi a jurée l'a-t-elle défendu ? Soyez de bonne foi et voyez tout ce que vous avez fait pour paraliser cette constitution, pour détourner le Roi d'y être fidèle. Voilà quel a été l'objet de tous vos efforts. Vous n'écoutiez que vos ambitions particulières. Vous affaiblissiez la confiance due au Roi en lui supposant l'arrière-pensée de rétablir tout ce qui avait été détruit. Vous accumuliez ainsi les élémens dont l'explosion vous accable et vous a rejetté sur cette terre hospitalière.

Les factieux vous observaient, vous excitaient. Comme vous ils criaient contre la constitution pour la paraliser davantage. Ailleurs ils peignaient le Roi et les Bourbons comme incapables de régner et de maintenir la constitution que S. M. avait jurée. Ces factieux égaraient les ministres ; ils calomniaient le Roi et sa famille, et ils s'emparaient de l'armée. Voilà les faits dont nous sommes témoins. Eh que pouvait faire la constitution nouvelle contre une pareille trame ? Ce ne sont pas les termes d'une constitution, ce n'est pas la feuille sur laquelle elle est écrite ou imprimée, ou la table sur laquelle on l'a gravée, qui assurent l'indépendance d'une nation ; mais c'est l'esprit public qui s'en pénètre et s'y rattache ; ce sont les efforts de tous les citoyens pour l'affermir ; ce sont les institutions et les lois particulières qui se co-ordonnent avec cette constitution. Voyez, ici ; les exemples sont sous vos yeux.

Quel est donc celui des principes constitutifs que vous pourriez combattre avec quelque apparence de raison et de justice ? Votre sûreté personnelle, la garantie de vos propriétés, la liberté de vos consciences et de vos opinions, les moyens de développer vos talens, votre industrie, d'assurer l'indépendance de la nation et sa prospérité ; vous sont-ils indifférens, et croyez-vous qu'il faille les abandonner aux volontés arbitraires du prince qui vous gouvernera ? Voilà cependant où conduit le systéme que vous défendez.

Soyez de bonne foi encore, et dites-nous quel obstacle et la Chambre des Pairs et la Chambre des Députés ont-elles opposé aux volontés du Roi sur un seul objet qui pût compromettre l'indépendance nationale ?

Sont-ce ces chambres qui ont entravé la surveillance des ministres ? Sont-ce ces chambres qui ont empêché de veiller sur la conspiration qui se tramait ? Sont-ce ces chambres qui ont entouré le Roi de conspirateurs et de parjures ? Sont-ce ces chambres qui ont placé ou maintenu dans les bureaux du ministère les agens même de la conspiration ? Lisez les procès-verbaux de ces deux chambres, et vous verrez que les intérêts de l'état ont été défendus avec autant d'énergie que de zèle ; vous verrez que le Président de la Chambre des Députés a donné le plus bel exemple de patriotisme et de courage.

Et cependant la formation de ces deux chambres était encore imparfaite. Le temps, de nouvelles élections pour la Chambre des Députés, de nouveaux choix pour celle des Pairs dont la conspiration vient elle-même de signaler les membres corrompus ou parjures ; aurait donné à ces autorités constitueés les formes qu'elles doivent avoir dans le système régulier du gouvernement.

Faites taire l'influence de votre ambition particulière et vous serez d'acord avec nous. Comme nous, vous ne voulez pas que la France se courbe sous le joug du tyran qui l'opprime, sous celui des assassins de votre Roi, et de vos pères, ou de vos enfants. Comme nous, vous devez foi et hommage au Roi que nous demandons.

Parmi vous il en est, dit-on, qui voudraient porter la couronne dans une autre branche de la dynastie royale, et les chefs des Jacobins ont cherché à négocier dans ce système.

La conduite du Duc d'Orléans, la sagesse de son caractère, nous assurent qu'il repoussera lui-même un pareil projet. Il doit sentir tous les motifs qui l'écartent et qui allumeraient la guerre civile en France s'il violait ainsi la fidélité qu'il doit au chef auguste de sa famille. C'est en défendant le Roi, c'est en concourant avec toute l'ardeur dont son âme est capable à tout ce qui peut affermir le repos de l'état et sa prospérité, qui'il rendra à son nom tout l'éclat et toute la dignité que ce nom aurait toujours dû conserver.

Les conseils qui le porteraient au trône, ne seraient dictés que par des courtisans perfides. Il a vu dès sa jeunesse dans quel abîme de malheur et d'opprobre ils peuvent entraîner.

Les chefs des Jacobins n'ont cherché à l'appeller que pour sortir de l'avilissement qui les flétrit, et rétablir leur pouvoir. Ils ne le proclameraient que pour régner sous son nom, ou le sacrifier à l'anarchie dans laquelle ils cherchent à plonger l'Europe entière.

Les Puissances alliées ne peuvent adopter un pareil projet. Ce serait réunir de nouveaux élémens de dissensions et de troubles.

Le rétablissement de Louis XVIII. est donc le seul moyen de rendre à la France et à l'Europe entière le calme et la paix.

Voilà le but auquel doivent tendre tous les efforts des Français auxquels la patrie est chère ; toutes les mesures que les Puissances alliées vont prendre, toute l'énergie qu'elles vont développer.

Le Prince qui regit l'Angleterre n'a pas eu d'autre pensée dès qu'il a été informé de cette nouvelle conspiration. Il a senti que l'Angleterre devait défendre et achever son ouvrage, et se placer ainsi au rang de la première nation qui ait honoré la terre en maintenant pour le salut de l'Europe entière les principes sacrés de l'ordre so-

cial. Le même but unit aujourd'hui toutes les Puissances alliées.

C'est le Roi surtout qui, instruit plus que jamais
par les nouveaux malheurs qu'il vient d'éprouver,
doit développer toute la force du pouvoir que le
ciel lui a confié, défendre et affermir la constitution qu'il a jurée, s'entourer, nous le disons encore,
de conseils fidèles et purs, écarter les hommes qui
cherchent à détourner sa pensée de la ligne invariable dont elle ne doit plus s'écarter.(16) Cette
force de volonté est indispensable pour donner à la
constitution la stabilité qu'elle doit avoir, à l'esprit
public la direction qu'il doit prendre, à l'empire
des lois toute son action et toute sa puissance.
Tous les Princes de la Famille Royale doivent se
conformer à ce systême, dicté maintenant par la
raison et l'expérience, par l'intérêt de la France,
par leur salut et leur sûreté personnelle, par les lois
sacrées de la Providence elle-même.

Toutes les Puissances alliées doivent influer
sur cet ordre de gouvernement : elles serviront ainsi
les vrais intérêts de la France ; elles la replaceront
dans le rang qu'elle doit occuper sur le continent de
l'Europe ; elles sauveront le Roi et sa famille des
nouveaux malheurs qui pourraient les frapper encore ;
elles assureront leur propre repos et le bonheur de
leurs peuples.

L'état actuel des choses ne peut plus subsister,
tous les gouvernements ont excédé l'étendue de
leurs moyens, tous sont accablés d'une dette im-

mense. Les dépenses de l'Europe excèdent son revenu. Le crédit s'anéantit. Les signes de circulation manquent. (17)

Il faut opter; il faut laisser crouler l'Europe dans le cahos de l'anarchie que ses ennemis et les oppresseurs de la France veulent faire renaître, ou il faut prendre les mesures les plus fortes, enchaîner les oppresseurs et rétablir l'ordre et la paix. Alors toutes les Puissances pourront réduire leurs dépenses publiques, rendre à l'agriculture et aux arts les hommes les plus utiles, rétablir leur crédit, ranimer la confiance, et assurer la prospérité et le bonheur des peuples.

Jamais but plus important ne fût l'objet de la politique de toutes les nations. Les intérêts particuliers de chaque gouvernement doivent céder à cet intérêt commun qui doit rallier tous les efforts, tous les sacrifices, tous les vœux.

Tout concourt dans ce moment au succès de cette entreprise sacrée.(18)

Les Puissances alliées ont réuni leurs forces, et leur alliance est fondée sur le devoir, sur la justice, sur le maintien du repos de l'Europe, et de sa civilisation.

Le héros que l'Angleterre honore, les chefs des armées alliées que la victoire a couvert de ses lauriers, ont devant eux le plus beau champ de gloire et d'honneur qui ait encore été ouvert au courage. Délivrer une grande nation de la tyrannie qui l'accable, rendre la paix à l'Europe entière, mettre un terme aux malheurs de l'humanité souf-frante et désolée, punir le crime et la perfidie, est le plus beau triomphe auquel ils puissent aspirer.

Tous les Français fidèles, tous ces chefs illus-tres qui déjà ont tant de fois versé leur sang pour la patrie, se rallient et appellent à eux ces habitans des campagnes courageux et fidèles qui font la force de la nation, qui récomposeront son armée, et lui rendront son honneur et sa gloire.

NOTES.

Note 1, page 2.

Nous avons vu des témoins de cette scène affreuse, ils en frémissaient d'horreur. Les portes et les avenues de Mayence étaient encombrées par les équipages, l'artillerie, les blessés, et les mourants. Buonaparte précipitait sa retraite, et ses voitures écrasaient les malheureux qui se trouvaient sur son passage.

Note 2, page 4.

Il paraît certain que Ney avait conçu dès l'époque du Traité de Fontainebleau le plan de retour et de conspiration dont il a déterminé le succès par une perfidie sans exemple dans les annales du crime. Son nom fait maintenant horreur. Sa vie entière a été souillée par les actions les plus viles et les plus coupables.

Note 3, page 7.

Nous avons pris des informations particulières sur le traitement des prisonniers en Angleterre, et nous nous sommes assurés que le gouvernement Anglais n'avait rien négligé à cet égard. Cependant il est possible qu'il y ait eu quelques abus qui auraient échappé à sa surveillance. Il eut été à désirer surtout qu'on eut pû substituer aux vaisseaux-prisons des lieux de détention plus sains et plus vastes.   Une des causes de la détresse, dans laquelle un très-grand nombre des prisonniers Français ont été plongés, a été la fureur du jeu auquel ils se livraient.

Note 4, page 7.

Ces préjugés et ces haines nationales sont des restes de barbarie dans laquelle on voudrait encore nous précipiter.   La défiance et la haine contre l'Angleterre ont été prescrites, comme des principes de gouvernement dont la France ne devait jamais s'écarter, dans l'ouvrage de M. le Baron Bignon, publié en 1814, sous le titre d'*Exposé comparatif de l'Etat financier, politique et moral de la France.*   Ce Baron est aujourd'hui conseiller d'état de Buonaparte.

Note 5, page 9.

Le vœu d'une liberté éclairée, une morale pure, une justice invariable, l'amour de la patrie le plus ardent, peuvent seuls fonder une république durable.   Tels furent les fondateurs de la République Helvétique lorsque les Suisses brisèrent le joug de l'Autriche.   Tels furent les fondateurs de la République des Provinces-Unies lorsqu'ils les affranchirent du joug intolérant de l'Espagne.   Tel a été de nos jours Washington, fondateur de la République des Etats-Unis : mais quels étaient en France les hommes qui proposèrent la république sous la Convention Nationale et dans l'antre infernal des Jacobins ?........Couverts de crimes, c'est l'anarchie, le pillage et l'usurpation du pouvoir, qu'ils voulaient.   Leurs noms seuls repoussaient la liberté qu'ils proclamaient.   Collot d'Herbois, qui le premier proposa la république à la tribune de la Convention Nationale, n'était qu'un scélérat infâme, altéré de sang.   Il fut ensuite déporté à la Guiane par une des factions qui dominèrent successivement sur la France.   Il est mort à Cayenne dans des convulsions de rage et en horreur à la colonie entière.   Ce sont aujourd'hui ses collegues, ceux, qui même avant l'abdication étaient restés comme anéantis sous le poids de l'opprobre qui les couvrait, qu'on rappelle à la représentation nationale.   Ces choix sont dignes du gouvernement qui les ordonne.

Note 6, *page* 10.

C'est par ce motif de division entre les deux noblesses que Buonaparte renouvelle aujourd'hui contre l'ancienne les décrets de la Convention Nationale, et que les comtes et les barons qu'il a créés avant son abdication s'unissent à lui et dominent dans plusieurs des assemblées électorales qu'il a convoquées.

Note 7, *page* 10.

Si on veut connaître le caractère et la conduite de plusieurs des membres de l'ancienne noblesse émigrée, leurs idées exagérées, leurs prétentions insensées, leurs petites passions, leurs misérables jalousies, il faut lire les Mémoires du Marquis de Puisaye, et voir ce qu'ils ont fait depuis le rétablissement de Louis XVIII. sur le trône, ce qu'ils font, et ce qu'ils prétendent aujourd'hui.

Note 8, *page* 11.

C'est pour disposer de la classe des ouvriers qu'il flatte et organise ses confédérés des Fauxbourgs St. Antoine et St. Marceau, et qu'il leur paye quarante sous par jour. Il veut balancer ainsi les mesures que pourrait prendre la garde nationale qui s'indigne du joug sous lequel elle est asservie. Il prépare les torches de la guerre civile. Il arme l'indigence contre les richesses et les propriétés qu'il désigne à la destruction et au pillage. Tout sera horrible dans les conceptions et dans les mesures qu'il prendra, s'il n'est pas prévenu, si le poids des vengeances célestes ne l'écrase pas.

Uni avec les Jacobins c'est la théorie de l'anarchie et du crime qu'ils ont suivie, qu'il suit maintenant. Il veut que la France se déchire elle-même. M. Grattan dans son éloquent discours à la Chambre des Communes, a dit avec une grande vérité que cette union des Jacobins avec Buonaparte, présentait la plus extraordinaire *anomalie, celle d'un homme qui ne peut souffrir la liberté, avec une faction qui ne peut supporter aucun gouvernement.*

Note 9, *page* 11.

Tous les décrets révolutionnaires de 1793 sont successivement remis en vigueur. Le Champ de Mai, la Représentation Nationale sont convoqués dans ce système. L'ancienne noblesse est déclarée suspecte. Tous les fidèles serviteurs du Roi sont proscrits. Pourquoi donc toutes ces mesures de terreur, pourquoi ces proconsuls revêtus de pouvoirs absolus, pourquoi tous ces mouvements intérieurs, si la voix de la nation appelle Buonaparte à la gouverner ?

Note 10, page 20.

La direction de la police avait pour chefs de division des agents de Buonaparte et des Jacobins. Le ministre d'état, chargé de la direction des postes, l'abandonnait à un ancien membre de la Convention Nationale créé *Comte Lavallette* par Buonaparte, et aujourd'hui un de ses conseillers d'état.

Note 11, page 24.

Buonaparte a mis en principe qu'il n'y a rien de criminel lorsqu'il s'agit de l'état ; et l'*état*, a-t-il dit, c'est *moi*. Dans ses conférences avec Talma, voilà les maximes qu'il développait, comme de nouveaux ressorts pour l'art tragique, qui donneraient à cet art un caractère d'énergie et de profondeur qu'on n'avait pas encore atteint. Voilà l'homme au genoux duquel, on ose prétendre, que la France veut rester prosternée.

Note 12, page 26.

. Le manifeste du Roi d'Espagne du 2 Mai 1815 qui vient d'être publié, les déclarations de toutes les autres Puissances, le rapport plein de force, de raison, de justice fait au Congrès de Vienne et adopté par les plénipotentiaires de toutes les Puissances alliées, ne peuvent plus laisser d'incertitude à la France sur le but qui les réunit, sur leurs intentions authentiquement prononcées, de ne pas démembrer la France : mais uniquement de l'affranchir de la tyrannie de Buonaparte et des Jacobins, de rétablir son indépendance sous un gouvernement légitime, et d'affermir ainsi le repos de l'Europe.

Note 13, page 32.

On a mis en question au Parlement d'Angleterre s'il existait un droit de guerre contre une pareille conspiration, comme si la sûreté même de l'Empire Britannique ne justifiait pas ce droit de la manière la plus explicite et la plus incontestable.

Jamais la maxime invoquée par Milord Grey : *justum bellum quibus necessarium et pia arma quibus, nisi in armis, nulla relinquitur spes*, ne fut plus applicable qu'à la guerre sacrée que les Puissances alliées vont poursuivre.

Le rapport fait le 12 Mai au Congrès de Vienne a porté jusqu'à l'évidence les droits des Puissances alliées et les devoirs que leur imposent le salut de leurs peuples et le maintien de la civilisation.

Les mêmes faits, les mêmes principes, les mêmes droits, les mêmes devoirs ont été développés dans les deux Chambres du Parlement par les ministres de S. M. B.

Jamais les séances de cette auguste assemblée n'ont été d'un plus grand intérêt. Il s'agissait des destinées de l'Europe, de l'indépendance, et du sort de toutes les nations, de la stabilité ou de la destruction de tous les gouvernements, du bonheur ou de la désolation de tous les peuples. Les ministres, le Comte de Liverpool et le Vicomte Castlereagh, se sont élevés à la hauteur des principes qu'ils avaient à établir, des droits qu'ils avaient à défendre, des mesures importantes qu'ils avaient à proposer et que les circonstances commandaient.

Des membres de l'Opposition obéissants à l'intérêt sacré de la patrie, ont appuyé les propositions du gouvernement avec un admirable énergie. La sagesse des discours de Lord Grenville, la force et la chaleur des discours de M. Grattan et de M. Plunkett ont porté dans les deux Chambres toutes les lumières de l'évidence, de la justice, et de la raison.

Heureux le peuple qui jouit d'une constitution qui lui assure que les intérêts de son indépendance, de son honneur, de sa prospérité seront ainsi discutés et défendus !

Quelle leçon pour tous les gouvernements qui veulent donner à leur autorité et à la sagesse de leur administration une base stable !

Voyez à quel degré de puissance l'Angleterre est parvenue par la force de ses lois, et de sa constitution. Voyez quelle influence elle exerce sur le maintien du repos de l'Europe, et sur la civilisation. Voyez quels hommes elle produit. Le génie de Pitt semble dominer et soutenir encore 'une main ferme l'Europe prête à s'écrouler sous les efforts de l'anarchie, de la tyrannie et du crime.

Note 14, *page 33.*

L'importance et la pureté des motifs qui vont déterminer l'entrée en France des armées alliées suffisent pour diriger la sagesse des mesures qui doivent être religieusement suivies pendant la durée de cette invasion. Ce n'est point ici une guerre de conquêtes, c'est une guerre de justice. Ce n'est pas la France qu'on veut soumettre. C'est son oppresseur qu'on veut renverser.

L'honneur national est dans le cœur de tous les Français fidèles, et ils doivent tous s'unir dans cette lutte sacrée ; c'est ainsi qu'ils garantiront leurs familles, leurs propriétés, et qu'ils rétabliront la gloire de leur patrie.

Les principes, la volonté, la bienfaisance, la loyauté des Souverains alliés et des généraux auxquels ils ont confié leurs armées ; le caractère du héros qui va diriger en chef les troupes alliées doivent inspirer la plus entière confiance, et écarter toutes les alarmes. Jamais, nous l'avons déjà dit, plus beau champ ne fut ouvert à la valeur, au génie, à la bienfaisance, à la gloire. Rendre à une nation opprimée son indépendance et son légitime souverain, rendre à l'Europe, si long-temps agitée le calme et la paix : voilà le but sacré des combats que la résistance des rebelles pourra nécessiter. Tout ce qui sera fidèle sera défendu et préservé. Tous les départements qui conquerreront leur indépendance ne seront point envahis, et la France entière bénira ses défenseurs et les sauveurs de l'Europe.

Note 15, *page 37.*

La paix rétablie offrira d'immenses avantages à toutes les nations de l'Europe. Le commerce, si long-temps détourné des routes où il peut se porter, prendra la plus grande activité. Le continent de l'Amérique offrira un champ immense et toujours plus fécond d'opérations commerciales. L'exploitation des mines reprendra son activité et rétablira l'équilibre de la circulation et du crédit. Alors l'Angleterre en réduisant ses dépenses diminuera les taxes dont elle est surchargée. Elle pourra réformer son système commercial. La Banque pourra reprendre ses payements en numéraire. Le fonds d'amortissement de la dette publique pourra s'accroître. Tous les états de l'Europe offriront à son commerce de nouveaux débouchés et de nouveaux emplois pour ses capitaux. L'Europe entière aura bientôt alors une plus vaste carrière ouverte à ses travaux, à son industrie, qu'elle n'avait avant 1789.

Note 16, page 46.

C'est du choix des ministres de Sa Majesté, et de son conseil, que dépendra le salut de l'état. Des hommes dont la moralité et la vertu peuvent être douteuses, ceux dont la conduite n'a pas été pure, dont le dévouement au Roi et à la patrie n'a pas été éprouvé n'obtiendraient aucune confiance. Cette confiance est indispensable, plus que jamais, pour affermir le gouvernement, pour enchaîner les factieux, pour rétablir avec fermeté l'ordre dans toutes les parties du service public et la paix intérieure.

La chambre des pairs exige des réformes que les événemens ont déjà indiquées, des nominations que les services qui vont être rendus à l'état indiqueront.

De nouvelles élections seront indispensables pour la chambre des députés lorsque l'autorité souveraine sera rétablie. Les circonstances seules suffiront alors pour déterminer d'excellents choix.

Note 17, page 47.

La situation du crédit des puissances de l'Europe suffit pour prouver combien il importe d'affermir la paix sur des bases certaines. Tous les gouvernements ont été entraînés dans des dépenses qui excèdent leurs recettes. La disette du numéraire circulant et le discrédit des effets qui peuvent le remplacer s'accroissent chaque jour.

Cet état de choses rompt l'équilibre de tous les rapports commerciaux, il paralise le commerce, il diminue le travail, il entrave la marche de tous les gouvernements, il excite les séditions et les désordres. C'est une calamité générale qui pese sur tous les peuples, et dont on ne peut trop tôt arrêter les effets.

Tout se réunissait au commencement de cette année pour per-

mettre à toutes les puissances de s'occuper de leur administration intérieure, de leurs finances, du sort de leurs peuples.
L'union de la tyrannie et du crime en rallumant les flambeaux de
la guerre, a suspendu tous les projets utiles, toutes les espérances
de bonheur public, et a déjà causé des pertes immenses dont le
calcul est effrayant.

Note 18, page 47.

Le succès d'une alliance qui repose sur les droits les plus sacrés ne peut être douteux. Déjà Murat est repoussé et vaincu.
L'Italie ne s'est point insurgée comme Buonaparte le projettait,
et ces événements importants laissent aux puissances alliées la
disposition de toutes leurs forces.

Les mouvements les plus sérieux se manifestent au Nord,
à l'Ouest, et au Midi. Des chefs d'un courage éprouvé, d'un
dévouement sans bornes au Roi et à la patrie ont réuni des
forces imposantes. Tous les Français fidèles vont s'unir. Tout
doit agir maintenant à la fois. Les familles désolées implorent
l'ordre et la paix. Il est temps d'arrêter les malheurs dont l'Europe est menacée.

F I N.

De l'Imprimerie de Cox et Baylis, Great Queen Street,
Lincoln's Inn Fields.